Derechos de autor © 2025 Enmerlin Y. Peña Castillo

Todos los derechos reservados. Ninguna parte de este libro puede ser reproducida, distribuida o transmitida en ninguna forma ni por ningún medio, ya sea electrónico o mecánico, incluyendo fotocopiado, grabación o sistemas de almacenamiento y recuperación de información, sin el permiso previo y por escrito del autor, excepto en el caso de breves citas utilizadas en artículos críticos o reseñas.
Gracias por adquirir una edición autorizada de este libro. Al cumplir con las leyes de derechos de autor, ayudas a proteger el trabajo creativo de autores y artistas. Por favor, abstente de reproducir, escanear o distribuir cualquier parte de este libro en cualquier formato sin autorización expresa.
Escrito por: Enmerlin Y. Peña Castillo
Ilustrado por: Mousam Banerjee
ISBN: 979-8-9995474-3-9

Dedico este libro con todo mi corazón a mis queridos abuelos, Dilia y Carmito. Ellos no solo me enseñaron el arte de cocinar, sino también el profundo poder de una comida casera para reunir a las personas, crear lazos duraderos y celebrar nuestra herencia compartida.

Cada plato que preparo es un viaje al pasado, un regreso a mi infancia, envuelto en la calidez de su abrazo y en el aroma de su cocina. Estoy profundamente agradecida por la sabiduría que me dejaron: valorar la abundancia de nuestra tierra, honrar a quienes la trabajan, y entender que alimentar es también un acto de amor.

Su amor, sus enseñanzas y su legado viven en mí, y estarán siempre presentes en cada comida que comparta.

En un colorido pueblo del sur de la República Dominicana vivía una niña llamada Dalia.

Dalia era de origen humilde, vivía en una casita de madera junto al río. Le encantaba pasar horas en la cocina de su abuela, un lugar mágico donde frutas coloridas, verduras frescas y hierbas aromáticas despertaban su imaginación.

Su mayor inspiración era su abuela, Mamá Carmen.

Mamá Carmen le enseñó a preparar las recetas secretas de la familia, transmitidas de generación en generación. Cada platillo era un tesoro que honraba a sus antepasados y celebraba su herencia dominicana.

Un día, Dalia tuvo una idea brillante: compartir con los niños del pueblo su amor por la cocina a través de deliciosas recetas.

Con entusiasmo, los invitó a su cocina para una clase muy especial.

Pronto, la cocina se llenó de risas, preguntas y caritas curiosas.

Con Mamá Carmen a su lado, Dalia enseñó a los niños a preparar tostones usando plátanos verdes recién cosechados y una pizca de sal marina.

Los niños se maravillaron al probar los crujientes tostones dorados. ¡Sabían a cielo!

Luego de probar los deliciosos tostones, Dalia les mostró cómo hacer mangú, servido con queso, salami crujiente y huevos fritos perfectamente redondos.

Los niños se llenaron de alegría y gratitud. Levantaron sus manos pegajosas mientras reían y bailaban por la cocina después de majar los plátanos.

Al atardecer, Dalia sorprendió a sus invitados con un manjar. Juntos, se sentaron alrededor de la mesa, compartiendo historias y risas mientras saboreaban cada bocado de los deliciosos platos tradicionales dominicanos.

A partir de ese día, la cocina de Dalia se convirtió en un lugar de alegría, comunidad y orgullo para todo el pueblo.

Allí, los niños se reúnen para aprender la magia de cocinar con amor y honrar su cultura a través de comidas deliciosas y nutritivas.

Y así continuaron las aventuras culinarias de Dalia, esparciendo amor, risas y los ricos sabores de la República Dominicana.

En la cocina de Dalia, cada comida era una celebración de la cultura, la tradición y la magia de los sueños de la infancia.

Preguntas de comprensión de la lectura

1. ¿Cuál es la primera receta que Dalia enseña a los niños?

2. ¿Quién inspira a Dalia a cocinar y por qué es importante para ella?

3. ¿Con qué acompañan el mangú en la historia?

4. ¿Cómo se sienten los niños después de probar los tostones?

5. ¿Qué significa la cocina para los niños del pueblo al final del cuento?

6. ¿Cuál de las recetas de Dalia te gustaría cocinar y por qué?

Recetas de la familia

Gracias por explorar la cultura dominicana a través de esta historia, nuestra pasión por la comida casera y las recetas que han pasado de generación en generación. Cocinar, para nosotros, es un acto de amor. Valoramos el poder de la comida para reunir a familiares, amigos y vecinos; construyendo una comunidad más unida, donde todos se sienten bienvenidos y apreciados. La cocina es un arte hermoso y lleno de emoción. Como en toda expresión artística, quien cocina debe sentirse libre de poner su sello personal en cada plato, aportando su toque único y especial.

Orígenes de la cocina dominicana

La cocina dominicana es una deliciosa mezcla de tres grandes herencias culturales: la indígena taína, la africana y la española. A lo largo del tiempo, estas tradiciones se han fusionado para crear los sabores únicos que conocemos hoy.

Los taínos, hicieron grandes aportes a la gastronomía dominicana. Cultivaban alimentos como yuca, batata, maíz y frutas tropicales, ingredientes que siguen siendo esenciales en muchas recetas tradicionales. También desarrollaron formas de cocinar como el uso de hojas para cocer al vapor, técnicas que influyen todavía en la cocina rural.

Durante el período colonial, los españoles trajeron a la isla esclavos africanos, quienes, además de su fuerza de trabajo, trajeron ingredientes, formas de preparación y sabores que se integraron profundamente a la cocina local. Entre las contribuciones clave se encuentran el uso de plátanos, arroz y habichuelas, así como la práctica de freír alimentos. Los estilos culinarios africanos también influyeron en la preparación de guisos y el uso de condimentos.

Por su parte, los españoles aportaron carnes como el cerdo, la res y el pollo, así como técnicas culinarias como asar, freír y hornear. También introdujeron especias como el ajo, la cebolla y el azafrán, que hoy forman parte de la base de muchos platos dominicanos.

Con el paso del tiempo, la fusión de estas tres culturas dio vida a una cocina rica en sabor que hoy se conoce como la cocina dominicana.

References: Hostelería News. La cocina dominicana: origen y evolución. Confederación Panamericana de Escuelas de Hotelería, Gastronomía y Turismo (CONPEHT). Historia y Gastronomía, República Dominicana. Embajada de la República Dominicana en Japón. Gastronomía.

Consejos de cocina y seguridad

(Aquí tienes algunos consejos esenciales para ayudarte a cocinar comidas deliciosas)

Cocinar juntos es una forma divertida y educativa para que niños y padres se conecten y aprendan nuevas habilidades. Sigue estos consejos para garantizar una experiencia segura y agradable en la cocina.

Para niños:

1. Siempre cocina acompañado de un adulto.
2. Lávate bien las manos antes de tocar cualquier alimento.
3. Usa utensilios adecuados para tu edad y evita cuchillos filosos.
4. Mantente alejado de estufas y hornos. Usa guantes si manipulas algo caliente.
5. Evita distracciones. ¡Concéntrate en tu deliciosa creación!

Para padres:

1. Mantén la cocina limpia y los objetos peligrosos fuera del alcance de los niños.
2. Elige utensilios apropiados para cada edad y supervisa su uso en todo momento.
3. Enseña con el ejemplo. Explica y muestra cómo cocinar de forma segura.
4. Gira las asas de las ollas hacia adentro para evitar accidentes.
5. Vigila el uso de licuadoras, procesadores y batidoras.

Consejos generales para cocinar comidas deliciosas:

1. Lee toda la receta antes de comenzar. Así sabrás qué esperar.
2. Prepara y mide los ingredientes antes de empezar.
3. Sazona por etapas para que cada parte del plato tenga sabor.
4. Prueba la comida mientras cocinas. ¡Tu paladar es tu mejor guía!
5. Controla el fuego:
    - Fuego alto para dorar o sellar.
    - Fuego medio para cocinar lentamente.
    - Fuego bajo para cocción suave.
6. Usa ingredientes frescos siempre que puedas.
7. Deja que la carne repose antes y después de cocinarla.
8. Limpia a medida que avanzas. ¡Evita el desorden!
9. No necesitas utensilios caros. Lo más importante es la creatividad.
10. Agrega tu toque personal.
11. Y si algo no sale como esperabas, inténtalo de nuevo.

Mezcla de condimentos

(El sofrito se utilizará tanto en la receta de pollo guisado como en la de habichuelas rojas)

Mezcla de hierbas aromáticas

Preparación:

1. Colocar todas las hierbas aromáticas en un recipiente y mezclar bien hasta que estén completamente integradas. Luego, guardar la mezcla en un frasco o envase hermético para conservar su frescura. Esta mezcla aromática resulta muy versátil y funciona bien para sazonar verduras asadas, pollo, pescado, cerdo o res.

2. Usar la mezcla en cualquier momento y disfrutar de su delicioso y auténtico sabor en cada bocado.

4 cucharadas de orégano seco

4 cucharadas de tomillo seco

4 cucharadas de perejil seco

4 cucharadas de albahaca seca

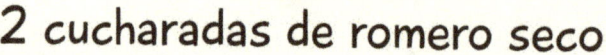
2 cucharadas de romero seco

Sofrito

Preparación:

1. Colocar todos los ingredientes en una licuadora o procesador de alimentos y mezclar hasta obtener una textura suave o la consistencia deseada. Guardar la preparación en un recipiente hermético y refrigerar o congelar para conservar por más tiempo.

2. Disfrutar cuando se desee.

La bandera

Arroz blanco

Preparación:

1. Enjuagar el arroz con agua a temperatura ambiente dos o tres veces, o hasta que el agua salga casi transparente. Este paso es opcional y depende de las preferencias personales.

2. En una olla profunda y caliente, añadir el aceite de oliva y la sal. Calentar a fuego medio durante unos 25 a 35 segundos.

3. Agregar el arroz a la olla y revolver durante aproximadamente 1 minuto. Luego, verter el agua y cocinar a fuego medio hasta que el líquido se reduzca en un 90 %.

4. Reducir el fuego al mínimo y cubrir la olla con papel aluminio. Colocar la tapa encima para conservar la humedad. Cocinar durante 15 a 18 minutos.

5. Destapar con cuidado y remover el arroz suavemente, sin raspar el fondo. Volver a tapar y cocinar de 10 a 15 minutos más.

6. ¡Sirve caliente y disfruta!

Habichuelas rojas

Preparación:

1. Remojar las habichuelas durante toda la noche en 11 tazas de agua. Al día siguiente, agregar una cebolla pequeña pelada y partida por la mitad, dos tallos de apio cortados por la mitad y una zanahoria. Hervir todo a fuego medio-alto durante 1 hora y 40 minutos, o hasta que las habichuelas estén tiernas. Luego, retirar del fuego.

2. En caso de usar olla a presión, remojar las habichuelas en 9 tazas de agua durante la noche. Añadir la cebolla, el apio y la zanahoria como en el paso anterior. Hervir la mezcla durante 10 minutos y luego cocinar en la olla a presión entre 25 y 30 minutos, o hasta que las habichuelas estén suaves. Retirar del fuego.

3. Una vez cocidas, sacar la zanahoria, el apio y la cebolla. Reservar una taza de habichuelas con su líquido y licuar con 2 tazas de agua hasta obtener una mezcla suave. Colar esta mezcla para lograr una textura más cremosa.

4. En una sartén pequeña, calentar el aceite de oliva y añadir el sofrito, el caldo de pollo, la sal, la pimienta y la pasta de tomate. Revolver hasta disolver el caldo de pollo y lograr que la pasta de tomate se integre bien. Agregar media taza del líquido de cocción de las habichuelas, mezclar bien y verter esta preparación en la olla con las habichuelas.

5. Regresar la olla a fuego medio. Añadir el azúcar y el vinagre. Hervir durante 5 a 7 minutos. Probar y ajustar la sal al gusto.

6. ¡Sirve caliente y disfruta!

Pollo guisado

Preparación:

1. Preparar el pollo retirando el exceso de grasa y cortar en trozos de 7 a 10 cm. Marinar en jugo de naranja agria durante 3 a 5 minutos. En caso de no tener naranja agria, usar el jugo de 2 limones como sustituto. Luego, enjuagar el pollo con agua fría.

2. En un recipiente, mezclar el pollo con el sofrito, la sal, la pimienta y el caldo de pollo. Revolver bien para que todas las piezas queden bien cubiertas con el adobo. Cubrir y dejar marinar en el refrigerador durante toda la noche.

3. Aproximadamente una hora antes de cocinar, sacar el pollo del refrigerador para que alcance la temperatura ambiente.

4. Calentar aceite de oliva junto con 1 cucharadita de azúcar en una sartén profunda a fuego medio. Cuando el azúcar se haya caramelizado (sin quemarse), agregar los trozos de pollo uno por uno. Cocinar cada lado durante 5 a 6 minutos. Mientras tanto, añadir 3 ½ tazas de agua al recipiente con el adobo restante y reservar.

5. Verter el líquido del adobo sobre el pollo en la sartén. Dejar hervir a fuego medio-alto, probar y ajustar la sal si es necesario. Bajar el nivel del fuego al mínimo y cocinar durante 1 hora y 15 minutos. Para terminar, subir el fuego a medio o alto y cocinar por 10 minutos más para que la salsa espese un poco.

6. ¡Sirve caliente y disfruta!

2 libras de pollo (24 oz)

1 cubo de caldo de pollo

2 naranjas agrias

1 cucharadita de sal

1/4 cucharadita de pimienta

2/3 taza de sofrito

2 cucharadas de aceite de oliva

1/8 taza de pasta de tomate

3 1/2 tazas de agua

1 1/4 cucharadita de azúcar blanca

1/2 cucharadita de vinagre

Ensalada verde

Preparación:

1. Lavar bien todas las verduras. En un contenedor, mezclar las rodajas de remolacha con una pizca de azúcar blanca para intensificar el dulzor natural de la remolacha. Cubrir el contenedor y reservar. Mientras tanto, cortar el pepino, el tomate y la cebolla en rodajas.

2. Colocar las hojas de lechuga romana en una bandeja grande, cubriendo toda la superficie, incluidos los bordes. En el centro, poner el repollo rallado. Rodear el repollo con las rodajas de tomate y colocar las rodajas de pepino sobre cada rodaja de tomate. Luego, añadir las rodajas de remolacha encima de cada rodaja de pepino. Para terminar, distribuir las rodajas de cebolla alrededor de la bandeja.

3. Preparar el aderezo mezclando el ajo majado, la sal y el vinagre balsámico en un recipiente. Revolver hasta disolver completamente la sal. Añadir el orégano y mezclar bien. Incorporar un chorrito de miel o sirope de agave y remover hasta integrar. Finalmente, agregar el aceite de oliva y batir hasta obtener un aderezo homogéneo.

4. Rociar el aderezo sobre la ensalada justo antes de servir y disfrutar.

Plátanos fritos o tostones

Preparación:

1. Pelar los plátanos y cortar en rodajas de aproximadamente 2.5 cm de grosor.

2. Calentar suficiente aceite en una sartén profunda a fuego medio. Freír las rodajas de plátano durante 1.5 a 2 minutos por lado, sin amontonar la sartén, hasta que estén ligeramente doradas.

3. Retirar las rodajas y colocar sobre papel absorbente para eliminar el exceso de aceite.

4. Una vez escurridas, aplastar cada rodaja con un aplastador de tostones. Luego, volver a freír en la misma sartén durante 30 a 40 segundos por lado, o hasta que estén doradas y crujientes. Evitar sobrecargar la sartén para que queden bien cocidos.

5. Transferir los tostones a un plato con papel absorbente y espolvorear con sal marina al gusto.

6. Servir calientes y disfrutar.

3 plátanos verdes

1/2 cucharadita de sal marina

1 1/2 taza de aceite para freír

1/4 taza de kétchup (opcional)

Plátanos maduros fritos

Preparación:

1. Pelar los plátanos maduros y cortar en rebanadas de aproximadamente 2.5 cm de grosor.

2. Colocar las rebanadas en un tazón, espolvorear con azúcar blanca, cubrir el recipiente y dejar reposar durante 5 minutos para intensificar el dulzor natural del plátano.

3. Calentar aceite en una sartén profunda a fuego medio. Freír las rebanadas de plátano durante unos 2 minutos por lado, o hasta que estén doradas y caramelizadas. Evitar amontonar la sartén para asegurar una cocción uniforme.

4. Transferir los plátanos fritos a un plato para servir y espolvorear con una pizca de sal marina, si se desea. Esta combinación resalta su dulzura natural.

5. Servir caliente y disfrutar.

3 plátanos maduros

1 1/2 taza de aceite para freír

1/2 cucharadita de azúcar blanca

1/4 cucharadita de sal marina

Los tres golpes

Los tres golpes

Postres

Arroz con leche

Preparación:

1. Enjuagar el arroz con agua a temperatura ambiente dos o tres veces, o hasta que el agua salga casi transparente. Este paso resulta opcional y depende de las preferencias personales.

2. En una cacerola pequeña, combinar 1 taza de agua con los clavos dulces, la malagueta y 2 palitos de canela. Llevar a ebullición, luego reducir el fuego y dejar hervir suavemente de 7 a 10 minutos para extraer los sabores. Retirar del fuego.

3. En una olla profunda, colar la infusión de especias y agregar el arroz, el resto del agua, la leche entera, la nuez moscada, 3 palitos de canela adicionales y la sal. Cocinar a fuego medio, revolviendo ocasionalmente, hasta que el arroz esté tierno.

4. Incorporar la leche evaporada, la leche de coco, la leche condensada, el extracto de vainilla, el azúcar, la mantequilla y la cáscara de limón. Continuar cocinando a fuego medio-bajo, revolviendo con frecuencia para evitar que se pegue, hasta alcanzar la textura cremosa deseada. Tener en cuenta que el arroz con leche se espesa aún más al enfriarse. Probar y ajustar el dulzor o la textura, si es necesario. Servir caliente o frío, espolvoreado con un poco de canela, si se desea.

1 taza de leche evaporada

1 taza de arroz blanco de grano largo

3 tazas de leche entera

1/2 cucharadita de sal

1 taza de leche condensada

2 tazas de agua

1/2 cucharadita de nuez moscada

1 taza de leche de coco

1/4 taza de azúcar granulada

5 palitos de canela

2 cucharadas de extracto de vainilla

2 cucharadas de mantequilla sin sal

1/8 taza de pasas (opcional)

1 cucharadita de malagueta

1/2 cucharadita de clavo dulce

Cáscara de limón (opcional)

Plátanos al caldero

Preparación:

1. Pelar los plátanos y cortar en tres partes iguales. Espolvorear ligeramente con azúcar blanca granulada, cubrir y dejar reposar de 3 a 5 minutos para que el azúcar comience a disolverse y se potencien los sabores.

2. En una cacerola, combinar el agua con los clavos dulces, la nuez moscada y los palitos de canela. Llevar la mezcla a ebullición, luego retirar del fuego y reservar. Esta preparación servirá como base aromática del almíbar.

3. En una sartén, derretir la mantequilla a fuego medio. Una vez caliente, freír los trozos de plátano, volteando cada 1 o 2 minutos hasta que estén dorados por todos los lados.

4. Con cuidado, verter 1/3 de taza de la infusión de especias sobre los plátanos fritos, junto con 1/4 de taza de azúcar morena y sal. Agregar también 2 cucharaditas de ron dominicano (opcional). Reducir el fuego y revolver suavemente hasta que la salsa espese y los plátanos queden bien cubiertos con el almíbar brillante y fragante.

5. Servir los plátanos calientes, bañados con el almíbar.

Nota: El alcohol es opcional en esta receta y se incluyó para reflejar la receta familiar original. Si decide añadirlo, tenga en cuenta que podría no ser apto para niños. Para comidas familiares, recomiendo omitir el alcohol para garantizar que la receta sea apta para todas las edades.

Arepa de maíz

Preparación:

1. En una cacerola, combinar el agua con los clavos dulces, la malagueta, la nuez moscada y los palitos de canela. Llevar la mezcla a ebullición, luego reducir el fuego y dejar hervir a fuego lento de 7 a 10 minutos. Retirar del fuego.

2. Colar la infusión en una olla grande y profunda. Agregar la leche entera, la leche evaporada, la leche de coco, el extracto de vainilla, la azúcar morena, la sal y la mantequilla derretida. Mezclar bien hasta incorporar todos los ingredientes.

3. Mientras se revuelve con un batidor de mano, añadir gradualmente la harina de maíz. Asegurar una mezcla constante para evitar grumos. Volver a colocar la olla a fuego medio y cocinar, revolviendo sin parar, hasta que la mezcla espese y adquiera una textura pastosa.

4. Verter la mezcla en un molde engrasado. Alisar la superficie con una espátula y hornear en horno precalentado a 350 ºF (175 ºC) durante 45 a 50 minutos, o hasta que la parte superior esté dorada y firme al tacto.

5. Dejar enfriar a temperatura ambiente y desmoldar con cuidado.

6. Disfrutar.

2 tazas de harina de maíz fina

2 tazas de leche entera

1 taza de leche evaporada

4 cucharadas de mantequilla sin sal

3 tazas de leche de coco

1 taza de agua

1/2 taza de coco molido (opcional)

1 cucharadita de extracto de vainilla

1/4 cucharadita de sal

1/2 cucharadita de clavos dulce

1 1/2 tazas de azúcar morena

1/2 taza de pasas (opcional)

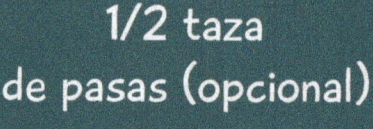
5 palitos de canela

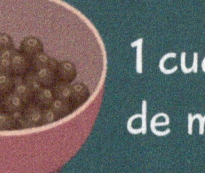
1 cucharadita de malagueta

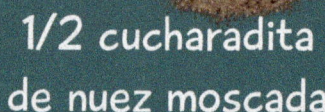
1/2 cucharadita de nuez moscada

Quesillo

Preparación:

1. En una cacerola, combinar el agua y el azúcar. Calentar a fuego medio, revolviendo suavemente hasta disolver completamente el azúcar. Luego, subir el fuego y cocinar sin remover hasta que el azúcar se convierta en caramelo.

2. Con mucho cuidado, verter el caramelo caliente en el fondo y los lados del molde para hornear, inclinando el molde para cubrir uniformemente. Tener precaución: el caramelo estará muy caliente. Dejar enfriar mientras se prepara la mezcla.

3. En una licuadora, combinar los huevos, la leche condensada, la leche evaporada, el extracto de vainilla, una pizca de sal y el ron dominicano (opcional). Licuar hasta obtener una mezcla suave y homogénea.

4. Colar la mezcla directamente sobre el molde acaramelado para asegurar una textura más fina y libre de grumos. Colocar el molde dentro de una bandeja más grande y añadir agua caliente hasta que llegue a la mitad del molde (baño maría).

5. Hornear en horno precalentado a 320 ºF (160 ºC) durante 45 a 50 minutos, o hasta que al insertar un palillo en el centro, este salga limpio.

6. Retirar del horno y dejar enfriar a temperatura ambiente. Luego, refrigerar por al menos 3 a 4 horas antes de desmoldar y servir.

7. Desmoldar con cuidado y servir frío. Disfrutar.

Nota: El alcohol es opcional en esta receta y se incluyó para reflejar la receta familiar original. Si decide añadirlo, tenga en cuenta que podría no ser apto para niños. Para comidas familiares, recomiendo omitir el alcohol para garantizar que la receta sea apta para todas las edades.

4 huevos

1/8 cucharadita de sal

1 lata de leche condensada (350 a 400 g)

2 cucharadas de ron dominicano (opcional)

1 lata de leche evaporada (350 a 400 g)

2 cucharaditas de extracto de vainilla

Caramel

1/16 de sal (pizca)

2 cucharadas de agua

1 taza de azúcar granulada

Ingredients / Ingredientes

English	Spanish
Oregano	Orégano
Thyme	Tomillo
Parsley	Perejil
Basil	Albahaca
Rosemary	Romero
Coriander	Culantro
Cilantro	Cilantro
Garlic	Ajo
Green onions	Cebolla verde
Cloves	Clavo dulce
Nutmeg	Nuez moscada
Whole all-spice	Malagueta
Cinnamon sticks	Palitos de canela
Black pepper	Pimienta negra
Lime peel	Cáscara de limon
Cubanelle pepper	Ají cubanela
Bell pepper	Pimiento morrón
Red onion	Cebolla roja
Celery	Apio
Plum tomatoes	Tomates barcelo
Cucumber	Pepino
Beefsteak tomato	Tomate de ensalada
Cabbage	Repollo
Beetroot	Remolacha
Romaine lettuce	Lechuga romana
Rice	Arroz
Coconut milk	Leche de coco
Unsalted butter	Mantequilla sin sal
Butter	Mantequilla

Ingredients / Ingredientes

English	Spanish
Cornmeal	Harina de maíz
Green plantains	Plátanos verdes
Sweet plantains	Plátanos maduros
Salt	Sal
Sugar (unspecified)	Azúcar
White sugar	Azúcar blanca
Brown sugar	Azúcar morena
Granulated sugar	Azúcar granulada
Vinegar	Vinagre
Balsamic vinegar	Vinagre balsámico
Olive oil	Aceite de oliva
Honey	Miel
Agave	Jarabe de agave
Tomato paste	Pasta de tomate
Cup ketchup	Taza de kétchup
Chicken	Pollo
Salami	Salami
Eggs	Huevos
Red beans	Frijoles rojos
Chicken bouillon	Caldo de pollo
Whole milk	Leche entera
Evaporated milk	Leche evaporada
Condensed milk	Leche condensada
Raisins	Pasas
Sour oranges	Naranjas agrias
Vanilla extract	Extracto de vainilla

Sobre la autora

Enmerlin tiene profundas raíces en la República Dominicana, donde creció rodeada del amor y la sabiduría de sus abuelos, Dilia y Carmito. Su infancia transcurrió en un entorno lleno de tradiciones, sabores y enseñanzas, enriquecido también por la presencia cercana de sus tías y tíos, quienes desempeñaron un papel fundamental en su formación personal y emocional. Esa crianza, en una familia y comunidad unidas, sentó las bases de su profundo aprecio por los lazos familiares, la herencia cultural y la importancia de compartir momentos significativos.

Inspirada por la historia y la gastronomía de su tierra natal, Enmerlin encuentra en los sabores, ingredientes y costumbres de la cocina dominicana una fuente inagotable de creatividad. Su pasión por la comida —como vehículo de conexión, memoria y amor— se refleja a lo largo de este libro. Cree firmemente que cocinar y compartir una mesa va más allá del acto de alimentarse: es una forma poderosa de unir generaciones, preservar historias y fortalecer vínculos.

Este libro representa un hito especial en su camino como autora, al ser su primera publicación. Enmerlin planea seguir escribiendo y compartiendo nuevas historias y reflexiones, con la esperanza de inspirar a otros a explorar la riqueza de sus raíces, celebrar a la familia y crear tradiciones duraderas alrededor de la cocina y la convivencia. Y tal vez, como Dalia, tú también descubras la magia de cocinar en familia.

Sobre el ilustrador

Mousam Banerjee es un artista e ilustrador a tiempo completo que disfruta pintando desde cuentos infantiles originales hasta arte conceptual realista. Nacido en una familia de artistas, desde niño sintió pasión por la creación de pinturas originales. Con un posgrado en Bellas Artes, ahora se ha dedicado a la ilustración digital.

Puedes contactarlo en www.illus-station.com o en su Instagram illusstation.kids.

www.ingramcontent.com/pod-product-compliance
Lightning Source LLC
Chambersburg PA
CBHW051328110526
44582CB00003B/81